JN438167

강물이 울면

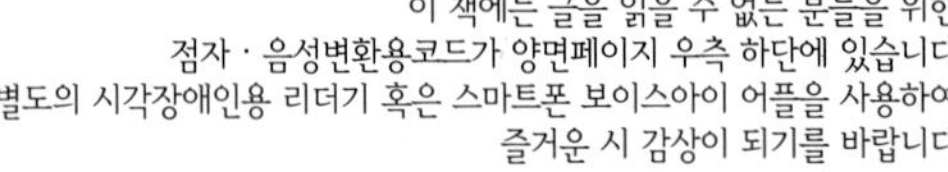

소리로 읽는 책

이 책에는 글을 읽을 수 없는 분들을 위한
점자 · 음성변환용코드가 양면페이지 우측 하단에 있습니다
별도의 시각장애인용 리더기 혹은 스마트폰 보이스아이 어플을 사용하여
즐거운 시 감상이 되기를 바랍니다

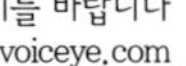

voiceye.com

Over a Wall
Poetry
27

강물이 울면

리규창 시집 4

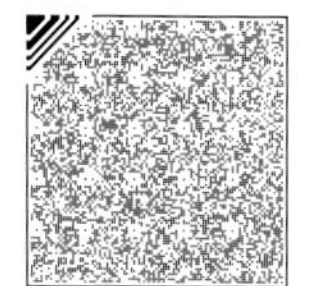

■시인의 말■

강물이 울면

따듯한 햇살이 그립고 그리워지는 겨울에 원고를 정리하고 1집 『망치잡이』를 출판하며 꿈을 이루기 시작했습니다. 많이 배우지 못하고 글공부를 하지 못했어도 평생을 써온 시들을 책으로 묶는 일이었지요. 2집 『설레바람』, 3집 『하얀 시간』을 묶어내고 보니 습하고 덥고 비가 오는 장마가 시작되었습니다. 차라리 비가 쏟아지는 날은 시원하게 빗소리를 들으며 집중하기가 좋은 것 같습니다.

이성이 너무 앞서가는 듯하여 빗방울에는 감성의 글을 듬뿍 풀어 봅니다. 둘끼리 사이좋게 사람세상을 수놓으리란 믿음이 짙게 깔려 4집 『강물이 울면』까지 이르렀습니다.

4집 『강물이 울면』에 들어갈 시들을 고르고 다듬으며 행복함을 느낍니다. 이 시집도 앞에 것들과 많이 다르지는 않다고 할 수도 있지만, 가족에 관한 이야기와 고향 이야기, 그리고 개인적으로 세상을 느끼며 살아 온 이야기를 중심으로 묶어 봤습니다.

힘없고 보잘것없는 글쟁이를 꿈꾸던 젊은이가 나이를 들어가며 써온 일기들이 시라는 이름으로 선보이며 아직도 부끄러움이 많습니다. 그래도 그때는 세상을 바꾸고 싶었고 바꾸기를 많이 바랐었나 봅니다. 다시 읽으며 행복한 세상, 사람세상이 만들어지고 남과 북이 한마음 한뜻으로 하나 되는 날을 꿈꿔 봅니다.

마디마디 날품팔이로 자라던 가난
여기서 그만 한 매듭을 짓고자
신중하게 하루봇짐 풀었다

먼저 머물다 간 동료들이
부끄럽지 않게 뿌린 구수한 땀 냄새 속으로
네모 난 입김에 질식하여
휘청이는 찬 바람이 냉기를 쏟아붓는 곳

부여 추양리에서
리규창 씀

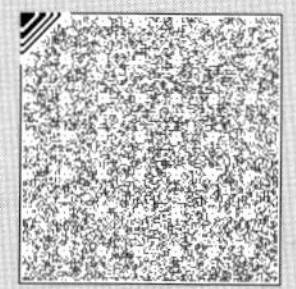

차례

1부 어머이 1970~79

2부 와동 막집

1980~89

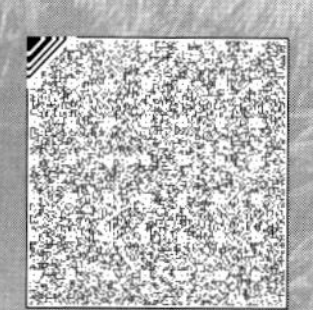

차례

3부 강물이 울면 1990~99

4부 공치는 날 2000~2010

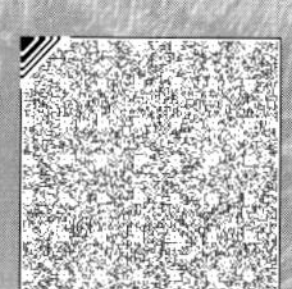

5부 바꿔야만이 2011~

1부
어머이

어머이

나의 어머–이
늘어난 그 주름살 굽이마다
따스한 사랑을 꽃피우시고
가득히 열매를 맺어
씨를 뿌리셨습니다

수줍은 열여덟
홍산댁으로 얼굴 익히시며
아들 딸 예닐곱의 아우성 속에
어언 오십 년은
꿈만 같았지요

느지막이 허리 좀 펴실까
밉둥이 막둥이의 철 없음에
이상히도 며느리들의 눈이 보이고
어린 소주들의 응석에
“내 이럴 수 없지”

일손이 바쁘시니 어지러이 숨이 차고
몸이 떨리셔 뒤돌아볼 겨를 없이
흐른 세월 늘어난 그 주름살
굽이마다에 어린 광채는
내 어머–이 사랑

슬픈 하소연

- 1979년 2월 26일

사랑이 멎은 듯 긴 세월에
하나 둘 기력을 잃고 퍽 퍽 소나무들이 나뒹구니
서당산의 옛 위용 안타까워 한탄하며
전날의 모습 그리려는 순간
나는 환호해 맞는다
오늘 비로소

너덧 마리의 백로
옛집 주위를 맴돌며 회상에 잠기나 보다
어버이를 형제와 자식 잃은 그 날이
다시 혼란을 주어 서성이기만 하나 보다

너희가 온 뒤로 고추골은 훈훈히
모든 숨결이 살아 솟는다

내 어린 시절
부채춤 가득한 하늘 볼 때면
속상했던 마음 금세 화창해지고
먼 여행길이 아스라이 눈앞에 들 때마다
넓은 세상의 탐구자가 되곤 했었지

언제부턴지 잦은 포수의 발걸음이
고요한 마을을 소란에 몰락시키던 날부터
슬픈 역사는 시작되었고
공포에 떨며 떠나던 밤의 목소리
이제야 깨달은 구원의 하소연

무관했던 마을의 과오
다시 거론 말자
지난 슬픔 생각조차 두렵다

이곳에 다시 정착하는 날
마을의 모든 이와 축배의 잔을 드세
어린이의 꿈이 되고
평화를 가꾸며 오래도록

가자 가자

가자 가자! 욕심 없는 나의 벗들아
하루 봇짐 싫증이 날 때면 늘 하던 양
싸구려 술집에 잠깐 들려
우리 동무 될 이 누구 없나 눈치만 살피다가
가득히 따라주는 막걸리 대접 위에
우리 얘기 꽃피우자

오갈 데 없는 것 아니지만
이대로가 좋더라는 나의 벗들아
줄다리기 그 속에선 우리 마음 서글프오
자, 이젠 힘을 내어
세상 안으로 굴러가는 벗들을
막아 일으키라! 나의 동무들

우리 말 들린다면 우리 따라 웃어 주며
이 길은 멀고 먼 외길이랴만
뒤이은 우리 벗들! 가야만 하는 것이야
가자 가자! 욕심 없는 나의 벗들아
내일이건 모레건 우리 발 굳는 날까지

봄의 노래

몸살 난 봄나들이 하소연 싣고
떠들썩한 달음질 들녘에 가득

산골짜기 시냇물 얼음장 깨며
벌거숭이 물살로 강물 흐를 때

구름옷 두른 하늘 한 모퉁이에
쪽문 연 햇볕 바람 봇물질 듯이

예라 예라 예에라 뽐내는 목청
한낮이 따갑도록 싫지도 않은

우니 누나 좋아라 진달래 찾고
우리 아기 즐거워 나비를 쫓네

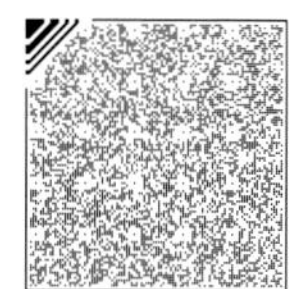

2부
와동 막집

알몸의 이치

네모난 풍류
어지럽게 꼬리를 물고 간다

터질 듯 장군, 멍이야
현기증에 몸 가누어 옆 뒤를 살펴도
작게 느껴지는 이웃사촌
잠이 오늘을 쉬어 잔 비울 적에
정조 잃은 설움 여인의 가락에 놀며
편안한 마음으로 옷 벗어
살 내음 가득

보았네! 거짓 없는 알몸의 이치
다시 보았네

재회의 환상

고추골 뒷동산
억새꽃이 웃었다 지었다
활짝 웃음을 머금는

사랑을 부르다 부르다 지쳐 안으려는 님이여!
설움 설움 사랑하는 이 미운 아픔의 설움
솔가지 얹힌 달은 그리운 님의 단꿈이요
아침인사 님의 손짓이 보일까 봐
먼 하늘 넌지시 목메어 부르던 님의 설레 속삭임
발걸음 고운 재회의 환상
오! 오! 뜨거운 애무의 숨결이 와 닿고
죽어서도 사랑할 그 어느 시절 오리요

고추골 뒷동산
억새꽃이 웃었다 지었다
활짝 웃음을 머금는

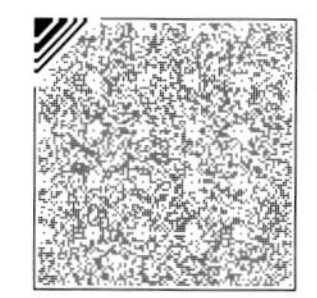

어느 대화

막둥아, 시골길의 차가
이처럼 흔들리는 것은 무슨 까닭일까?
고르지 못한 길 때문이지요
아무렴, 그렇지 그래

막둥아, 지금 이야기 소중히 간직하고
깊은 뜻 깨닫는 날
비로소 세상은 너를 반겨 맞으려니
모르는 채 돌아서는 죄 없기를
아빠의 희망으로 살으련

정림사 오층 석탑

말발굽 소리에도 놀라지 않았던 몸짓
무성한 그늘 숲이 옆으로 드리운 채
간신히 매달린 천년 세월
그저 말이 없다

부끄러운 역사 자랑삼는 어색함
하나 둘 시름을 감추려는 듯
늘 다섯 하늘이
어지럽기만 하여라

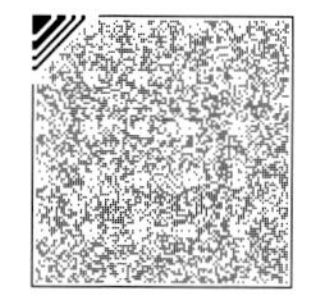

설악 예술

한 걸음 한 걸음
어느 것 하나 지나칠세라
설악 단풍놀이에 발 묶인 나그네

눈길 따라 무르익는
종합 예술의 큰 마당 잔치
은빛 설경이 절정으로 그림 동산이 열렸다

벗으로부터

벗이 그리운 밤 술병 옆에 앉히고
벗들을 들여다본다
불그레한 얼굴빛이
쌓인 그리움을 안고 노는지라
주고받을 수 없는 빈자리
안타까워 흐느낀다

벗이여, 어디 어느 쯤에
무지개 덮인 산자락을 밟고 섰는가?

떠돌이 삶 어여삐
우리 잔 터지도록 이르며 타일렀지
용기 서린 한줄기 삼거리길
이처럼 옛 시절에
매달리는 어리석음
벗은 아예 기르지 마라, 아예

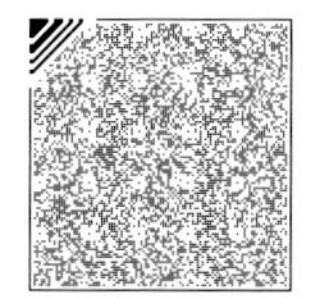

하얀 밤

님 생각에 홀로
하얀 길 내며 그리던 님
거울에 글을 새기네
청록 바다 한 아름
사랑합니다

피어오른 하얀 밤
집 지으려
바람에 쓰러져도
다시 지으려
솔잎에 솔가지에

정들어 살고
정들어 사네
정이 들어
하얗게 새하얗게
님 품에 살포시 내려앉는다

초면생

그대와 나는 처음이자 끝의 순간에
오늘 밤 이렇게 호흡을 같이하게 되었지
처음이자 마지막이 될
순간 그대의 애정 없는 포옹
나를 홀가분히 대한다

우리 둘은 처음과 끝의 짧은 순간을
잠시 거닐어 보았을 뿐이지
오늘이 지난 내일은 어떤 관계도 관심도
그저 그렇듯 처음이자 마지막
순간의 흐름 속에 한 가닥 정을
어루만져 보려는 초면생

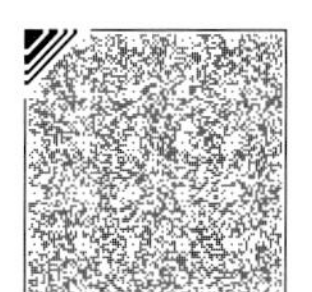

곡예

단 칠 층에서 내려다 본 사람들
머리가 핑그르르 아랫도리에 힘이 줄고
온몸이 움찔했다

구층 십오층 삼십층
더 높은 곳을 향해 곡예 보따리를 풀어
연출하는 저들은 어느 심장이기에

외줄에 매달린 곡예사들을
부러운 눈초리로 시기하는 마음들
한쪽에선 환호하고 한쪽에선 상 치르고

한쪽에선 구원을 청하며
한쪽에선 포기하는
혼란 속에서도

인생을 도박으로 좇으려는 자 부지기수라
몹쓸 기회를 부여한
고층건물 자체가 문제였다

우리가 만들어 우리가 탄식하는 우리들 숙제
단 칠 층에서 내려다보는 사람들
조금은 익숙해선지 덜 아찔하다

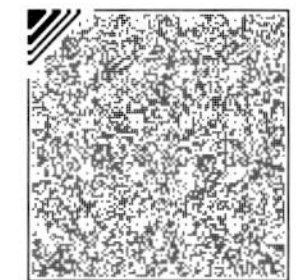

옛 생각

솜털 같은 꿈이 둥실둥실
쪽나무 가지에 매달린 쓰름맴 악기를 켜며
쌀잠자리 토종벌 노랑나비와
티 없이 밝게 지치던 시절들을
까마득히 잊고 넘다가
채송화 맨드라미를 닮은 어린이들
재롱에 끌려 옛적 장독대 곁으로
다소곳이 터트린 웃음 바라본다

봄나들이

은하물 깃던 달님이 쉬는 동안
입술 마른 갈증을 풀려는 듯
명주실낱 같은 빗줄기를 내리시더니
숨어 벼리던 사랑이 봇물 터지듯 쫘르르
새싹 동산을 일구어 봄나들이 설계라

길목마다 귀염둥이들 등을 밀며 재촉이고
산에 들에 열린 마음이 사랑을 부추기는 한낮
굳게 닫혀진 철문이 놀라
길을 트려는지 눈앞에 아지랑이
훨훨 날아오른다

추억의 강

이 가을엔
시름 잊는 이름을
붉은 잎새에 적어야 했다

바람이 구름이
추억의 강물을 적셔오면
잎새는 뚝 뚝 떨어져 흙이 되고

가지런한 이름만이
돛을 당기어
가을을 쫓는 사공이 된다

옛날이 그리워

옛날이 그리워 무릎을 꿇린 것은
울 밖을 떠돌며 금이 가고
먼지 입은 정에 흩날림이랴
불효를 꾸짖는 부끄럼이랴
범람하는 강물과 휩쓸려 뒤적이는 안방 그늘
아버지와 어머니 품속에서 반짝이던
다정한 모습들을 들여다본다

저토록 오붓한 빛살이거늘
지금은 누구랄 것도 없이
제 짝과 둥지와 훨훨 달아나버린 새인 양
까마득히 멀어져 뵈는 아득함은
그게 삶이란다 물결이란다
부스럼 앓는 벽과 기둥과 천장이 웃지
옛날은 근원이며 꿈이며 휴식이기를

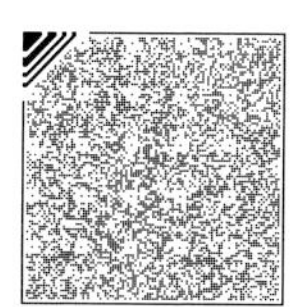

유업

밀주로 목 씻음 하려다가
얼큰히 오른 주정이
나조차 무서운 나날입니다

아버지 당신께서 이르시던 그 말씀들이
어느 한 구절인들 가슴 벅차지 않은 낱말이 있으리요
제 고운 언어들은 밀물에 부딪히며 흩어지고

가지런히 재워 새긴 옛 솜씨는 무늬를 잃어가는 모습으로
펄럭펄럭 청춘을 이고 나르는 숫처녀 옷맵시 가락에도
눈뜬장님 머슴아이요
들음을 비껴가는 귀머거리 되어 벙어리라

목적 없이 휩쓸려 온 길이 아닐 텐데
제풀에 지쳐 방향을 잃은 듯이 표류하는
가련한 사공이 되었습니다

열두 달 긴긴 밤을 기와집 짓고 헐고 까불며
버릇이 된 울음은 고까운 몸짓들과 맞서는
유일한 시름이었습니다

아버지 바보스럽다고는 생각하지 마세요
지금껏 제가 살아 있음을 깨닫는 확신으로는
티 묻지 않은 언어들이
깊은 골로 스며 흐르는 운동이 있습니다

지치다 치치다
죽어 사는 날까지 귀익고
낯익는 귀염둥이 언어들을 속삭이듯
비밀한 사랑으로 불러 세울 것입니다

아버지가 그랬듯이 부지런히
당신을 닮아가리다

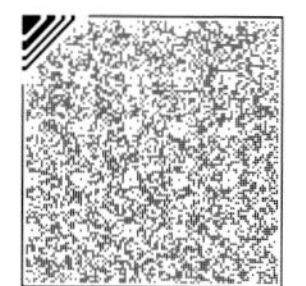

봄비

주룩주룩 내리는 봄비 하야니
거짓을 눈뜨게 한 옛적 소녀가
흔들리는 마음인 양 홀로 걷는다

좋은 때를 기다린 듯 얄궂은 사랑이
촉촉이 배어 흐르는 진실을 안고
옛날을 기억하려 입술 위로 덮는다

열화 같은 사랑 무심한 소녀는
봄비 하야니 추억을 지우며
한마디 인사 없이 사라져 간다

여행 목적

잔디씨 훑던 손길을 잠시 멈추고
누군지도 모르는 묘지 앞에
다소곳이 문안 인사를 여쭤야 했다
한때는 검붉은 생명줄 풀며
바쁜 행로를 그었을 사람
지금은 내가 엇비슷이 닮음질해 가고
다시 돌아와 누운 흙 속에서
어떤 말을 전하려 망설일까?

한 줌 한 줌 쌓이는 씨앗으로
버스를 타고 기차를 타고
또 다른 묘지를 찾으려는 뜻은
편안한 자리 솔깃이
가슴 맞대고 인생을 배우려 함이라
이는 느닷없는 부름에도
겁 없이 받아들이려는 준비일게다

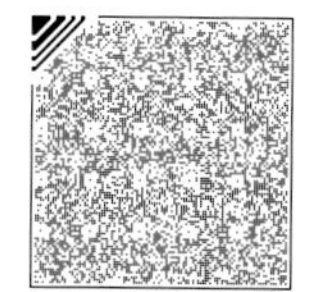

묘비가 세워지는 날

무언가 소중히 드릴 언약이 있어
당신 머리맡에 무릎 꿇었습니다

받기만 하려다가 머나먼 나라로
당신을 떠나보낸 지금
옛적 그 말씀들이 오늘처럼 간절함은
무슨 까닭입니까?

해와 달과 별이
늘 하늘방석에 얹혀 놀 듯이
당신 묘비가 세워지는 날
저는 반가이 적으렵니다

"그 아비를 닮으려는 그 자식이
빼다 박은 듯 돌아왔어요"

생과 죽음

낙엽 쌓인 덤불 속에
싱싱한 호흡이 나부낌을 깨닫듯이
생은 떨어져서 더욱 붉어지고
내게 안길 죽음도
한줄기 호흡으로 뻗어가듯
생은 오직 끝과 시작이 맞닿은
죽음임을 우러러

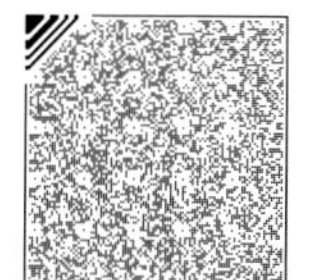

고욤

저만이 속 붉은 열매를 쏟아부을 듯
어떤 틈도 남기지 않은 채
줄로 매단 가지마다
금이 가고 있었다

어루만지지 못한 세월
시무룩히 사그라들더니만
이제사 잊힌 맛을 동경하는
오류를 안고 삽니다

민중

갓끈을 흐르는 무지개와
여인네 옷자락에 밴 메아리가
울 안을 밝히는 맵시이거늘

몸에 어색한 매무새 매무시로
눈빛을 흐트러뜨리는 이 누구요?
굽이치는 물살이
명분과 실리로 소용돌이쳐도
잠잠한 조각조각이
옛날처럼 기다랗게 강물로 흘러

당장 돋보이지 않는
그들은 꽃이요, 향기입니다

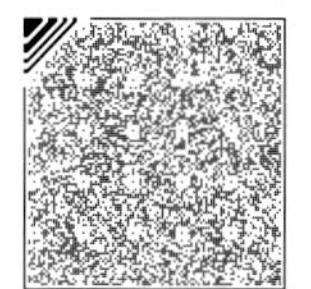

자살

순리를 초월하고자
무지개 꽃비 속에서
얼마나 많이 머뭇거렸을까요?
행복은 태어나면서부터 천진한 아이라
늘 눈물을 달고 삽니다

남부끄럽지 않은 떳떳한 삶에
닫혀있던 하늘이 열리듯
새로운 걱정은 다시 움트고
긴 방황과 슬픔 뒤에 산 죽음 촉촉이
한 그루 꽃나무로 성숙합니다

아픔을 삭이지 못해 인연을 놓아
스스로 목숨을 버린 당신은
그로써 모든 게 끝일게요
다만 일시적 사건으로 용서받아
신과 더불어 영원하기를

공유

- 1987년 4월 19일

생명력 잃는 신앙이
여유조차 빼앗기는 죽음에 익숙해 있을 때
에베레스트 산정을 꿈꾸는 젊음은
탐스럽게 살쪄 갔고
세느강을 헤엄치는 우유빛 낭만이
가득 넘쳐 흘렀다

아프리카 대륙을 도보하다 지친 사람이
금 간 입술로 오아시스를 부르짖을 때
북아메리카와 유럽에서는
요술쟁이 평화가 거추장스레 땅을 기었고
아시아 어느 작은 마을 넉넉지 않은 걸음
걸음들이 햇님을 바삐 쫓는다

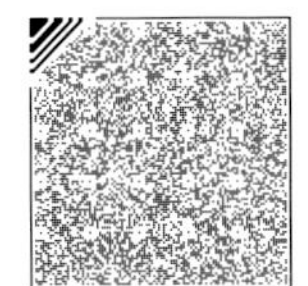

신대동 하루

밤새 안녕하시냐고 얇은 지붕을 두들기며
여린 벽을 쪼아대며
오염되지 않은 숨결을 정성껏 품고 날아와
햇살을 내리는 새들이 있어

네모난 풍습과 인정에 웅크리지 않으려고
바쁜 하루를 다독이다 보면
둥근 마음들이 어질게 돋아나는
신대동 어느 단칸방에 한 자리를 얻어
벗들과 공감하는 마음으로 이기와 쾌락을 목 졸라
훈훈한 막걸릿잔을 비운다

한 잔 두 잔 석 잔…
술로 밤이 깊어 돌아와 누운 잠자리에서는
여느 때처럼 유혹 신이 또 다른 이기와 쾌락을
방안 가득히 풀어 날리니
옛 소녀여, 사랑이여
내 품속 고요히 자장가를 불러주오

윤리나무

어머니 젖내음 곁에서
아버지 어깨 그늘 숲에서
윤리나무는 쑥쑥 자란다
부모님 품 안에서는
미끈둥한 윤리나무 열매가
보기조차 소담스럽게 박히더니

어머니를 떠나고
아버지를 떠나면서
윤리나무 열매는 절로 시들어
잎새만이 커다랗게 하늘을 막고
그 그늘 속에서 새끼 치던 새순이
알을 배고 있었다

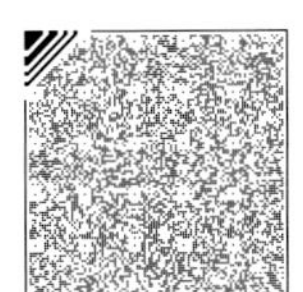

와동 막집

마디마디 날품팔이로 자라던 가난
여기서 그만 한 매듭을 짓고자
신중하게 하루봇짐 풀었다

먼저 머물다 간 동료들이
부끄럽지 않게 뿌린 구수한 땀 냄새 속으로
네모 난 입김에 질식하여
휘청이는 찬 바람이 냉기를 쏟아붓는 곳

한때는 커다란 반항을
눈덩이 굴리듯 새끼 치던 방
이제는 반듯이 누워 나이를 염려한다

때 묻은 작업복이며
낡은 이부자리가 저렇듯 다소곳이 침묵이라
엇갈리는 감정 부추기려는 독한 술병들을 내동댕이치며
간절하게 옛적 꿈을 그린다

다시는 자리를 탓하지 않겠다고
구멍 뚫린 벽에 종이를 바르며
작은 온기조차도 소중히 반긴다

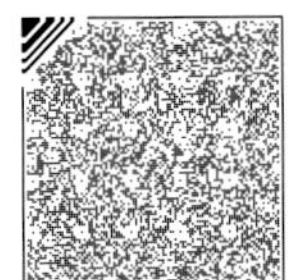

문명

눈 밝고 귀 밝다는 산맥을 타고
문명 거울로 유리성을 쌓으면서
피 묻힌 칼날 문명 거울 속에 숨긴
열두 재주로 인륜을 꽁꽁
자유와 평화를 노래한다

종교란 현판 앞으로 분장하는 행렬 가득하여
늘 피 흘린 현인들이 높은 산맥을 스스럼없이
넘어 선 굽이마다 위정자들 자리놀음에
숨 가쁜 시간이 깊고 깊게 오늘을 가두고
문명 거울 입을 열어 녹이 슨 사랑을 속삭인다

문명이란 도둑이
인정과 인륜을 앗아가도
문명이란 제자를 가르치던 덕으로
불씨 나누던 옛날을 수련하며
문명이란 새알을 낳아야겠다

돌아온 고향에서

파란 물결을 타고 오르려는 날
풀린 옷고름 매기도 전에 낯선 사태들이 요염하더니
무성히 자라는 잎사귀 커다랗게 햇살을 막고
하늘거리는 모습이 어지러워
머리 위에서 웃던 해와 달과 별이
영영 달아날까

구름이 걸린 날 작은 바람이 지나는 움직임에도
걱정이 앞서 다시 돌아온 고향에서
눈을 닦고 귀를 닦고 가슴을 닦는 이들을 쫓아
땀내 영그는 공사장 한복판
흙 속을 뒹구는 화음에 걸맞게
치표를 하여야겠다

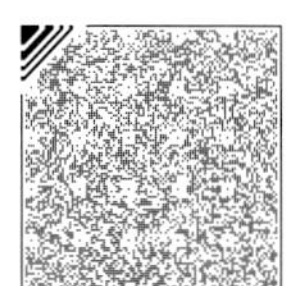

저금통장

너는 내게 옛적 소녀로 벗으로 돌아와
생명수 적셔주는 신앙으로
그늘 숲에 핀 작은 풀꽃 노래들을
화폭에 담는 작업이 되어
산을 넘고 산을 넘어서 가자

너는 내게 타락된 정신으로 보석으로
유혹알 낳는 향기라면
피 묻힌 칼과 불 뿜는 총으로
인류을 꺾는 살인자 될까
늘 조심스레 고뇌와 갈등을 저어 가자

너는 내게 영원한 애인으로 사랑으로
파란 꿈을 꾸는 바다를 달려
슬픔과 눈물과 더불어 춤을 추며
의미 있게 독백하려는 시인이 되어
산비탈 가시덤불도 꺼리지 않는 여로를 열자

3부

강물이 울면

사랑을 느끼며

한 여인에 눈빛이 잊히지 않아
오랜 날을 곰곰이 그 모습 본다
곧은 숨결 반듯이 햇살이에 둘려
밤을 지킨 근심엔 물결이 잔잔
둥지 틀 외짝새 울타리 되길
푸른 꿈을 하얗게 편지 띄웠네

어떤 생각 그려서 답장을 쓸까?
여러 날 가슴은 뛰었습니다
한 여인의 사랑을 느끼는 마음
아지랑이 나는 따뜻한 봄볕
산까치가 놀다 간 반나절이면
평생살이 씨앗이 들려 오겠네

기후

온 마을마다 봄을 준비하느라
어수선한 걸음들
나와 엇비슷 닮은 마을에선
파릇한 새싹들이 귀히 돋아나고
시샘바람도 멈추어 섰다

내게 주어진 여건으로
체념하기엔 부끄러운 계절
물려받은 좋은 토질
이처럼 알맞은 기후를 맞아
씨앗은 마음속에 묻혀 있다

단비 촉촉했던 날들을
잊고 넘는 어리석음 범하며
또 다른 기상변화에…
물려받은 좋은 토질
이처럼 알맞은 기후를 맞아
파릇한 새싹이 아니 돋을까

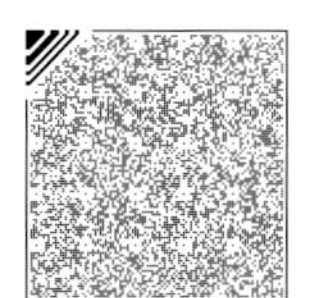

산맥

자연스럽게 뻗은 산세를 따라
꿈도 자연스럽게 옆구리에 낀 광야로
골짜기 냇물이 강을 이루어
마을이 서고 나라가 서고
역사를 병풍 친 정기다

온갖 생명을 거느리며
달리는 맥박 속에 문명을 잉태하였고
봉우리가 솟아오를 때
낮고 높음을 끌고 밀고
굴곡과 구렁과 비탈조차
소중한 조화구도다

크고 작은 율동들은
산 죽음을 밑거름으로
내일을 약속하는 하늘이 되어
현재는 과거에서 미래는 현재에서
깊게 뿌리를 박았다

한 준령에도
봄과 겨울이 어우러져
헤아릴 수 없는 멋을 휘날리고
신선들이 목욕을 즐기는 폭포수마다
좌선하는 자태 고옵다

스스로를 채찍질하는 용기에
스스로를 너그러이 귀를 열고 마음을 열고
스스로를 차단하는 침묵엔
스스로를 굳게 닫아
거만한 위상을 펄럭인다

잠시 소외된 빈자리
부지런히 생명수 풀어
새순이 돋는 소리 들리시나요?
혈을 따라 혈을 따라 영원을 안식하려는 사태
부활이 널린 산세다

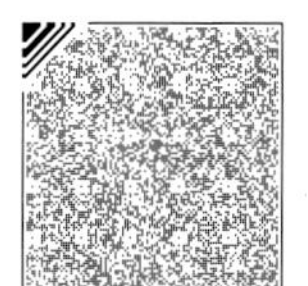

고향의 묵시

고향 언덕에서 올려다보는 하늘 위로
근심은 달아나고
비탈 구렁도 깨어질 듯 반듯이 눈[目] 속에 눕는다
겨울 사태 흐트러진 음지쪽엔
산새 떼 날아들어 훈김을 깔고
눈 비 바람 온몸으로 막아선
서당산 소나무들은 꿈쩍하지 않는 신앙

뿌리를 뻗친 혈을 좇아 꿈이 흐르는
고향 밤길에서 올려다보는 별빛은
잊혔던 얼굴들이 다가오고
달동네 좁은 골목 가지런히 가슴 속에 묻힌다
풍파에도 꺾이지 않았던 황소고집들이
솔가지에 매달려 빛살을 거르고
젖무덤을 더욱 두툼이 마을을 팔베개하는
벌거벗은 마음들, 잃었던 걸음들이
하얗게 물결치는 바다

근원

욕으로 흙을 뿌리치며 달아나던 날에
마음은 간절히 흙 속에 눕는다
운수 좋은 투기꾼이 되어 흙을 조롱하면서도
마음은 늘 죄인으로 남았지

도수 없는 금테 안경을 두르고
상류사회 풍속에 질척이는 곳
가끔씩 푸른 하늘과 마주할 때면
흙냄새를 꿈으로 부둥켜안았네

입 다문 자연 속에 법석이는 하루 일과
발목을 잡혀 버둥거린다
재주 좋은 구름을 타고 영원히 달아나고픈 굴레
당신들은 어쩔 수 없는 흙의 자손입니다

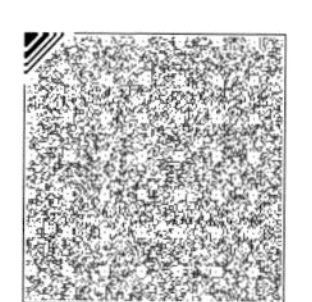

눈사태

속눈썹이 하얗게 줄을 타는 깜찍한 모습
누군가를 손꼽다 굳어진 창백한 표정들이
쩔쩔매며 마중하는 시샘 바람도 잠잠
산과 들과 지붕에 가지런히 눕는 사태
부끄러운 듯 발을 빼려는
비탈진 그늘 숲에도 폭죽이 터진다

뽀얀 입김 내 품에 달아나는 귀염둥이들이
발을 딛는 곳마다 하이얀 그림들은
가슴 속에 갇혀 있던 뽐내는 솜씨로
넓은 들녘 끝까지 퍼트리는 긴 이야기
먼 산 먼 하늘도 다소곳이
닫혀진 문을 열어 길을 닦는다

가슴으로

이 봄엔 남부끄럽지 않은 가슴으로
둥지 틀 자리를 마련하여 꽃나무들을 심어야겠다
봄나들이 분주한 양지쪽으로 연초록 융단 길을 열고
숲속 악사들이 연주할 곡들을
가지마다 매달아 놓아야지

귀에 익은 전설을 토하며
가슴으로 터트리는 축포 계절은 부활이 되어
눈 속에서 자라지 못하고
머리로 빛이 바랜 동산에는
작은 숨소리조차 생수로 흐를게다

속살 익어가는 소리 발갛게 귀에 와 닿고
씨앗 배는 아픔 어느덧 가슴으로 와 닿는
남부끄럽지 않은 계절에 가슴으로 가슴으로
귀에 익은 전설을 터득하며
꽃나무들 가지마다 둥지를 틀어야겠다

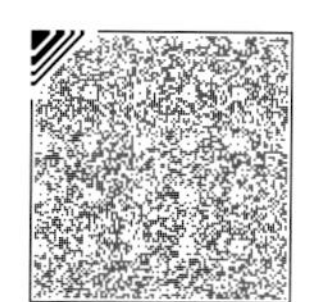

아침

-1991. 6. 20. 남북 대화와 교류에 부풀어

밤이 못 속으로 잠적해 가는 새벽녘
목청을 아껴 갈증하는 황무지에
아침 이슬을 떨어트리려고
알을 밴 온갖 나무들이 조심스럽게
춤사위를 펼치네

계곡 깊숙한 인사들이 하나둘 까치발을 거두며
맑은 못물에서 노는 모습이 눈부시게
먼동으로 자라나는 이제 열 달은
불덩이마저 한껏 끌어들이려고
산야에 흩어진 풀꽃들마저 몸을 기웃이며 물결이 되었네

저기 마을에선 닫혔던 문 열리는 소리에
아가는 빛살 울음을 터트리고
강아지는 마중하며 짖고
줄을 친 아침 숲으로 속속 안겨드는 물체들이
선산을 향해 발을 뻗치네

모난 죽음으로
웅크리인 무덤마다 벌거벗은 아침 이슬이
촉촉이 배여 의식 없이 묻혀간
찌꺼기들을 아무런 원망 없이
흔적조차 버리려네

아침이 온통
못 속에서 반듯한 그림으로 박혀
출렁이는 물살 이제는
그 속에서 기상하는 내 모습을
들여다보려네

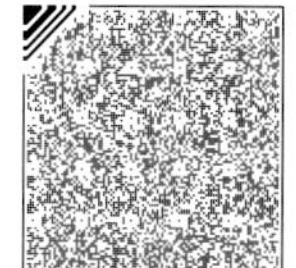

환자

갈대밭 좁은 도랑을 급류에
떠밀려 흐르는 물살로
푸른 하늘을 푸르게 담아 보지 못하고
죽음 다운 죽음을 맞이하는 듯
유서를 쓰고 유언을 하고 장사를 지내
빛살 좋은 죽음들을 가득히
부리째 흔들리는 환자입니다

갈수록 어둠이 짙어 가는 곳에
보이지 않는 안개꽃을 좇아
스스로 잎새를 떨고 봉오리를 터트리며
향기 없는 꽃비늘에 만취되어
이 세상에 온갖 것들 억지로 부둥켜안고
멋대로 사랑을 속삭이며
강간을 즐기는 술주정뱅이입니다

고독한 여행

가도 가도 끝없는 방황
산을 넘으며 산인 듯 강을 건너며 강인 듯
바람에 지쳐 들쑥날쑥 멋대로 흔들리는 조각구름
온갖 낱말과 유언하고 온갖 생물과 유언하고
돌 같은 죽음 노래만을 나부끼는 고독한 여행

안락한 죽음 노래는 멀리 날지 못하고
욕심 많은 죽음 노래는 쉬이 끊겨 모든 죽음이
천둥 번개 속에 움츠리고 망설이는 하늘
나는 또다시 유언을 하며
못난 죽음 여행을 즐겨야 하나

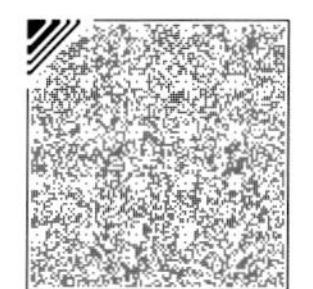

좋은 분위기

줄다리기 싸움터를 잠시 피신해
산목숨을 위로하며 안도하는
산 음악 속에 홀로 덜렁 첫사랑을 토해보는
뭉클한 속삭임 술잔에 거품조차
은밀한 속삭임으로 꿈틀거리고

옆자리에서는 금 간 우정과 상한 마음들이
몸을 부비고 어루만지며 연인들 사랑이
강을 건너는 오붓함 불그레한 불빛 속에서 반짝이고
속살을 안주로 파는 아가씨가 없어
술맛이 살아 팔딱이는 술집 주인과 종업원이
노동을 즐기며 술병을 나르고 술자리를 닦는다

산 음악 촉촉이 배어 송두리째 먹히는 죽음들
생수가 펑펑 쏟아지는 분위기 속에
무릎을 꿇는 과음 자정 십여 분 전엔
마지막 수업 예비 종이 울려
모든 손님은 잊었던 도덕책을 다시 읽는다

지구촌

마을마다 고급스런 평화 깃발을 수없이 꽂아
펄럭이게 하는 높은 분들은 힘겨루기에 바쁘고
종교들은 제 자랑 넋두리에 지쳐
살인을 묵인하려 하는 눈 밝은 문명
너무 높아 중병 앓는 속은 위험 수위다

사랑을 외치는 집단과 종교인과 문명인은
높은 분들에게 귀찮은 존재로 불바다를 건너고
지식이 눈덩이 구르듯 부풀 때면 해괴한 살인이 유행하여
가난과 부 명분과 실리 민족과 민족 종교와 종교
국가와 국가가 탄약고를 향해 포탄을 퍼붓는다

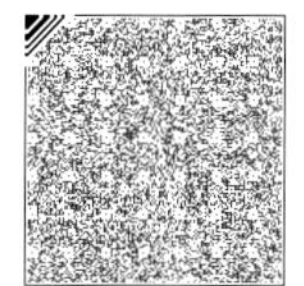

시골

비럭질 품앗이 잦은마치 걸음들이
진재에서 들마당으로 작으나마 꿈틀거리고
이웃집 세간을 훤히 입방아 찧던 참견
오랜 버릇으로 남아 밤마실 아낙네들
돌이 떡 마을잔치는 옛날인 듯
그 옛날을 지키려는 꿋꿋한 숨결들이 버티어
눈물 콧물로 모닥불 피워 얼음판 메기를 굽던
엇비슷한 아이들 모습이 가끔씩 부딪쳐 오는
용서와 하소연과 꾸지람이 하이얀
예는 꿈이요 휴식이며 근원이다

부활

밑으로만 밑으로만 운동을 즐기며
목욕을 즐기며 부산히 흘러내리는
산골짜기 시냇물 운동처럼
어깨 높은 나무들 틈바구니에서 소문 없이
제 모습을 드러내 놓은 산유화 웃음같은
토종벌 치고 나비를 불러
사랑으로 들뜬 한낮이듯 씨앗 밴 아픔
주인이 따로 없는 열매를 맺은 기쁨이듯
홀가분한 죽음 편안히 부활을 품어
가만히 귀 기울이는 자장가
봄을 촉촉이 적시려는

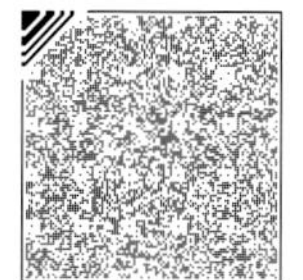

요즈음

눈 밝은 날
귓문을 때리는 이야기

"늙은이라 기름 짜서 바다 뿌리고
아가씨들 궁둥짝엔 화인 박아요"

못 속에 흙탕물은 덩치 큰 놈들 장난질인데
만만한 송사리만 잡아먹히고

낮과 밤을 짐작할 수 없는 어리둥절한 날에
삼신할머니도 겁내는 아기 울음

뒷동산 까치집은 둥그러니 앉았는데
우리네 빈 둥지엔 언제쯤 불 밝힐까

목수 아저씨

먹이 사냥 법석이는 싸움터에서
사람임을 조심스럽게 끼니를 가꾸는 참 노동
제 몫도 나누려는 아름다운 숨결을
우러르는 듯 깔보는 눈빛들
사는 한은 발이 부르트겠다는
아저씨 황소고집이 작으나마 진주를 캐는
가장 자연스럽게 먹줄을 튕겨 망치질한다
어쩌다 속는 어색한 자리 스스로를 타이르며
정이 오붓한 품팔이 길을 벗들과 즐기며
악기를 켜는 아저씨 열린 가슴엔
온 산야가 설레임 투성이 꽃지짐 투성이

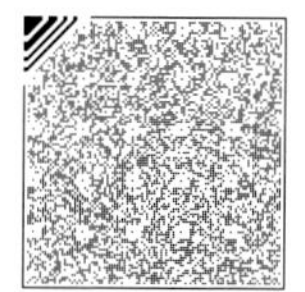

반쪽

어디를 둘러보아도 반쪽으로 흩어진
숱한 사연들 뜨거운 하소연을 찡하게 느끼면서
돌린 등 그대로 점점 멀어져 가는
근심만이 곱절로 자라나는 둥지 숲
반쪽 가슴으로 반쪽 하늘을 담는 엉거주춤 병신굿
예서 그만 반쪽 놀이를 멈추고
온 날 온 달음질로 마냥 지치고픈 설레이는 눈어림
반쪽을 부추기는 낯선 운동들을 말끔히 쓸어 엎고
온 아침 온 햇살 속에 둥그러니 안겨
무지개 둘린 동산에다 온 꿈을 두르련다

사랑

오라 해도 못 오는 사랑이 있고
가려 해도 못 가는 사랑이 있어
오고 가지 못하는 사랑입니까?

햇볕 바람 온전히 저 홀로 웃어
넓은 들 떠들썩히 씨앗 날리는
만발한 둥근 웃음 진짜 사랑을

모른 척 시침 떼는 얄궂은 사랑
어설피 둘러앉아 속상한 사랑
터질 듯 터질 듯이 안쓰런 사랑

날마다 걱정 두른 푸른 물살이
누구 빤히 엿볼까 어쩔줄 몰라
조심스레 아끼는 사랑이라서

이쯤 저쯤 손꼽는 각시방 자리
미끈둥한 가슴을 훤한 눈빛을
뒤척이며 몸살 난 사랑입니다

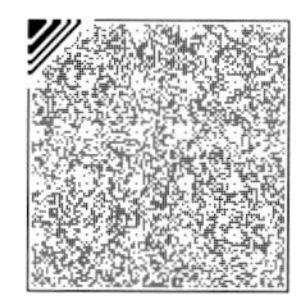

메마른 가슴

짝도 둥지도 없이
핏줄들과 친구와 엇갈리게

저 홀로 이산가족이 되어
홀로 흐르는 날

이런 메마른 가슴으로는
가당찮은 글장난들

이와 엇비슷이 닮는
가엾은 벗들아

아예 글을 놓으렴
아예 글을 묻으렴

꽃지짐질 편지

변함없는 그리움은 변함없이 변함없는 가슴에 꽃불 지피는 변함없는 그리움 수수께끼 소녀여 넘어지지 않는 줄 알았던 스무 고개를 넘으며 이처럼 빠른 시간이 될 줄이야 그때에는 어른들 말씀에 귀를 닫아 무심히 흘려보내고 하루살이 떠돌이 길에 지친 날 헝클어진 나를 낱낱이 들여다봅니다

수수께끼 소녀는 지금쯤 어느 하늘 아래에서 가정이란 무지개 동산을 가꾸며 짝과 아이들과 꽃바람을 날릴까 보고 싶어도 볼 수 없고 말하고 싶어도 말할 수 없는 마지막 금강 둑길 위에서 못다 한 몫까지 활짝 영그리고 대답 없는 꽃지짐질 편지를 띄웁니다

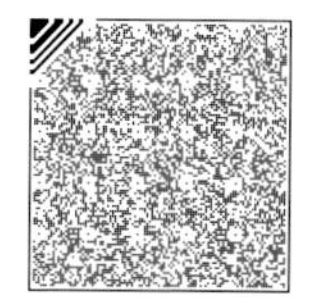

자연을 풀어

답답한 도시 길목마다
사람들 마음속에
자연스러운 자연을 풀어
산소로 즐기게 하고
자연스럽게 자연을 놓아
샘물을 마시게 합시다

낮과 밤이 불투명한
마을마다 지붕마다
달을 달고 별을 달고
인정을 달아 표정 없이
무뚝뚝한 가로등을
불편에서 풀며

새 소리
바람 소리에
컴퓨터 과학이 공손히
고개를 숙여
자리를 양보하는
이웃을 키우고

할아버지부터
아버지께 자식으로
끊이지 않는 걱정들은
과일나무들 거름이 되어
손자 손녀에게서
많은 열매를 맺도록 해

귀염둥이 아이들이
자연스럽게 마시고
뒹굴며 목욕으로
즐기는 시간들
사람 놀이가
튼튼히 자랄 겁니다

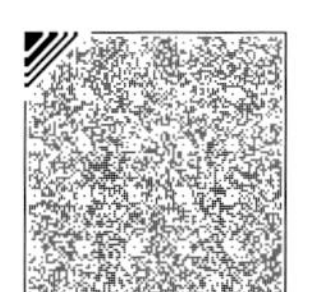

하늘 방석

좋은 때를 좋게 낳으려는 듯
가야 합니다 가야 합니다
박달나무 둥지 큰 그늘 숲으로

해와 달과 별이 늘 하늘 방석에 박혀 놀듯이
홀가분히 이 밤을 건너 통구 하늘 아래에서
잊혀진 그림들 놓을랍니다
술 먹은 각시방 불그레한 이부자리처럼
꿈쩍하지 않는 숨결로 옛 무덤들 지키는
광개토대왕 비문 곁에서 말뚝으로 박혀 지키렵니다

좋은 때를 좋게 낳으려는 듯
가야 합니다 가야 합니다
박달나무 둥지 큰 그늘 숲으로

어찌하나요

어찌하나요
신포 아저씨 어린 시절이 고스란히
반짝이는 산과 들은 꿈쩍 않는데

가슴앓이 그대로 꽃상여에 올라
요령잡이 입을 빌려
터트리는 하소연 어찌 알리요
나그네 지친 빈 가슴 장례행렬 눈물은
먼 길 배웅하는 잠깐 인사일 뿐
한 줌 흙으로 드러눕는 날까지도
홀가분히 돌아가고픈 물결 무지개
그지없는 사랑이여

어찌하나요
꽃상여는 어느새 내를 건너고
산등성을 오르는데

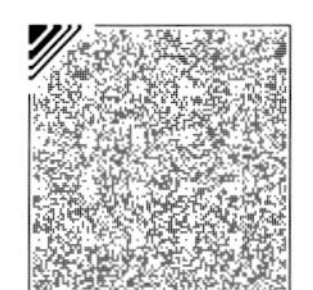

킬리만자로의 울음

킬리만자로 설원에서 목 놓아 우는 울음을
유람으로 즐기는 이방인이여 잠깐 멈춰 보세요
산자락에 깔린 눈물 앞에
무릎을 꿇어 용서를 빌며 죄를 뉘우치세요

스스로 신을 섬기는
정예군으로 정당화하시렵니까
문명 밝은 날 그 춤과 노래와 역사마저
짓밟히고 있습니다

유럽으로 아메리카로 끌려간 아픔들이 바친
노동으로도 곡식 창고는 넘칠 세월인데
늘 배고픔에 떨며 그들 잔칫상을 염려하는
머슴처럼 살아가는 가슴앓이 고스란히 해방이 되면

인류 근원이 사하라 사막을 덮고
인류 절정이 콩고강을 넘쳐 반짝이는 숨결들
아틀라스 산맥에서 드라켄즈버그산맥이 푸르도록
로페즈곶을 라스아이스곶까지 억척스레 지치겠지요

킬리만자로 설원에서 목 놓아 우는 울음을
유람으로 즐기는 이방인이여 잠깐 멈춰 보세요
산자락에 깔린 눈물 앞에
무릎을 꿇어 용서를 빌며 죄를 뉘우치세요

황산대교

무더운 여름날이면
내 그늘을 찾는 손님들이 마냥 반가워
한눈팔다가 단내나는 숨결
유모차 나들이에 정신을 바짝 차리고
노름꾼들 화투판과 술주정 싸움질을
크게 참견하지요
편안한 휴식이기를 놀이기구들 갖추고
뱃길도 열어 무더운 여름 동안
금강 물살 꾸지람으로
시원한 바람 아끼지 않을래요

강물이 울면

강물이 울면 강물이 울면 '사람 잡아먹힌다' 는 전설이
귓속말로 떠도는 금강에서 억척스럽게 고기를 낚았는데

물길이 막혀 죽어가는 강 그런 물살에서는 그물질이 안 돼
어부 하나는 공사장으로 어부 하나는 장사치로 나섰다

금강 물살이 좋아 끝끝내 반쯤만 어부로 사는 농부가
하천부지에 금 그어 놓고 장마와 싸우며 그물을 펼친다

삼한 전부터 금강에 반하여 물살 춤과 물살 노래들을
손금처럼 훤히 읽던 숨결들이 하나 둘 사라져 간다

강물이 울면 강물이 울면 '사람 잡아 먹힌다' 는 물살에
손을 놓아 조바심 난 어부들이 오늘도 가슴앓이를 한다

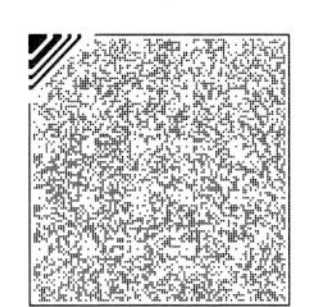

병문안

셋째 형수님이 중환자실에 입원 중이란 소식을 듣자
그는 피신할 자리만을 기웃댄다
"막내 도련님 뵙고 싶어요"
형수님 뜨거운 목소리에 귓속이 쩡쩡 가슴이 메어
구미시 장천면과 김천 뒷골목에서 술벼락 맞은 몸으로
고향을 향합니다

하늘나라 여행을 준비 중인 형수님은
하얀 침대에 링거를 꽂은 채
변명을 머뭇거리는 시동생이 안쓰러워
품으로 끌으신다
"도련님 뵈었으니 되었지요"

"어찌 흘리지 않던 눈물이야…"
형님께서 눈물을 훔치시고 그도 설움에 복받쳐
옛날 기억들을 침대 옆 자락에 흥건히 깐다
반짝이는 정을 느끼게 끔 계산없이 베푸신 순수 때문에
못난 시동생은 갚을 길 없는 무거운 짐을
무겁게 짊어졌습니다

하늘나라 배웅길에 참석 않을 막내 시동생을
짐작하시는지 병명도 잊힌 듯 두 번째 날에는
흐트러지지 않으려는 꼿꼿한 자태!
"낫아 집으로 돌아가니 바쁜 걸음 마세요"

조금이나마 걱정을 덜어주려는
형수님 마지막 사랑으로 인사로
시부모님과 막내 시동생 까다로움을 버텨
곧게 뻗친 아름다움이
훨훨 여행길이 적적하진 않을 겁니다

마음씨 곱던 셋째 형수님
뒷걸음치는 막내 시동생을 결코 용서치 마십시오
조카들 기억 속에 꽁꽁 잊히지 않도록
매달아 놓기를

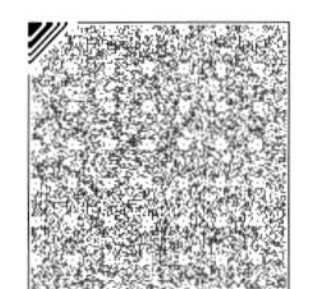

잠꼬대

나도 나를 잘 모른답니다

나조차 그러겠지요 잠꼬대라
옛날에 그려진 그 모습을 바라겠지만
그러기에는 너무나 머언 구름다리
그러나 스스로를 타이릅니다
누구든 그러겠지요 잠꼬대라
멀쩡한 날에 나를 안다고 깝죽입니까
모르면서 아는 척 참견 마세요

그러면 정녕 잠꼬대라 말할래요

빨래질

바쁘고 바쁘게 벌을 짊어진 삶
숨이 찰 때면 버릇처럼 빨려드는
뒷골목 안식처가 휴식이 될 수 없어
멀찍이 달아나려 두 주먹 불끈 쥐지만
뒤돌아선 나약하게 최면에 걸립니다
곰팡이 냄새 두른 마음과 몸을 빨래질해
햇볕 쨍쨍 따갑게 대낮 바람 맞힐까 합니다
텅 빈 들녘이 훤히 내려다보이는
귀중한 시간 속에서

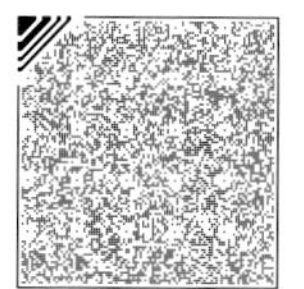

4부
공치는 날

신바람

목청 뽐내는 새 노래에
가만히 귀 기울여 기댄
자장가 졸음 위로 바람이 인다

어리광으로 눕는 울림
촉촉한 메아리를 쫓아
작은 풀꽃들 운동이 들썩이고

꿈쩍 않던 나무들조차
마른 가지를 떨어트릴 듯이
사납게 몸을 흔듭니다

금세라도 천둥비 목욕을 즐길 것 같은
신바람 난 산야가
온통 설레임 투성이 입니다

사람이기를

사람이기를
부릅뜬 하늘 햇볕바람 곁에서

사람이기를
늘 조심스레 삶을 아끼며

사람이기를
무등을 태워 바르게 걷고

사람이기를
우물물 속에 곱게 박히는

사람이기를
가슴으로 듣고 가슴으로 말하며

늘 사람이기를
부릅뜬 하늘 햇볕바람 곁에서

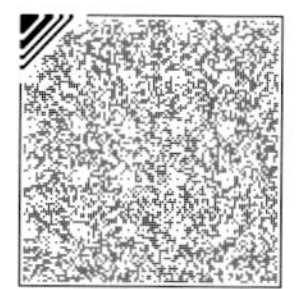

홀가분한 여행

어딘지 목적도 없이
여행을 떠나고 싶습니다

봄이 내려앉는 산과 들을
두루두루 거친 숨결을 가다듬고
지하철 시루에 빠져 북적거리는 시장 안에서
몸 끼리 부비고 뒤엉켜 살 내음 만끽할게요
아직은 추위가 멀쩡한 어느 바닷가 모래밭에서
애써 목청 돋구어 철썩이는 파도와 함께
저녁노을과 해돋이를 맞을 테요

깊은 계곡 산사에 들려
염불 소리 풍경 소리 두 손을 모아
부처님과 대화하는 기인으로 머물까
배고픈 암자에서는 귀신을 쫓는 무당이 손님 부르고
좋은 산자락 기도원에선 '믿습니까? 할렐루야! 아멘'
생명을 이으려는 환자들이 말씀에 매달려 지친 날

갈 곳은 많은데
짬 낼 시간이 모자라는 삶을 원망할까
남들과 똑같이 얽매인 스스로를 꾸짖을까
우여곡절 끝에 만난 마음 착한 여인과
잃었던 젊음을 찾아서 사랑을 나눌까
다시금 원점에서 혼절하는 시간!

그냥 무심히 여행을 떠나련다
어디든 상관없이 정신 놓은 사람처럼
자연에 안기고 싶다

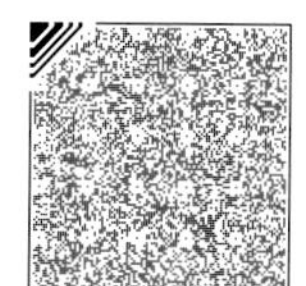

대보름달

어수선함 멀리하고 큰 웃음 뻗쳐 오는 정월 대보름달
허수아비 불빛 도시 풍경을 꾸짖어
넉넉히 안기고 싶은 마음 옛날과 변함없이
컴퓨터에 지친 아이들과 텔레비전 속에 빠진 사람들을
저들아 앞마당으로 불러
우주 놀이를 펼칠 빛살 타래를 풀까

'가위바위보, 가위바위보' 로봇 술래를 띄워
작은 별 큰 별 은하수를 건너고 태양계 밖까지
술래 술래 광년 거리 좁아진 외계인 마을을 돌아라
이곳에는 헤아릴 수 없는 신기함이 진귀하게 널려있고
"술래 술래 로봇 술래야
열닷새 달이 지기 전에 보물 찾아 돌아오렴
술래 술래 로봇 술래야"

첫날

동장군 깃발 꽂힌
두어 달 동안을 쉬며 놀다가
열흘이 하나같은 조급함에 시달리며
벼르고 별러 망치를 두들기고
철근을 접는 지방도로 공사장
첫날 작업부터 보채는 아이처럼 짜증이 나서
계룡산 국사봉에 까만 구름이 끼면
눈이나 비가 내린다는데
새참을 넘기고 한나절이 지나도록
미동 없는 하늘이 야속해 바깥바람 차갑다
몸이 무겁다, 떠벌이는 핑계로 하루가
열흘 같은 지루함에 시달리며
오늘 작업을 마쳤네

요즈음 사내들에게

긴 동굴 속으로 깊이깊이

햇볕바람 길이 막혀 좁다랗게 웅크리인 사내들이여 신처럼 떠받들린 수렵생활을 넌지시 석기시대를 그리워하는가 높다랗게 올라 앉힌 그 시절을 못 잊어 잘못을 뉘우치지 않는가 농경사회가 산업사회로 바쁘게 자리 바뀜 하면서 이미 짐작했던 일 무엇이 안타까워 적응 못하고 잘못을 감싸려 애쓰는가 어설픈 사내들이여 어여쁜 아가씨들 권리가 하나둘씩 둥지로 돌아와 장가 못 간 총각은 늘어가고 가냘픈 듯한 여인들 운동에 힘이 붙는 날부터 가정에서 쫓겨난 홀아비 숫자만 부풀어 애꿎은 아이들이 피해자로 어리둥절히 비뚤어져 자랍니다 남편 따로 아내 따로 바깥바람 이슬 맞는 엉뚱한 문화 건너뛰어 아리따운 여자들에게 아낌없이 인정받는 멋진 남자를 그립시다

진정한 사내들이여

고얀 녀석들

창문 밖 공동묘지 어여쁜 아가씨가
수줍은 설레임으로 슬그머니 찾아와
이부자리를 펴는 시간

질투 어린 천장에서 사랑놀음 훼방을 놓는
시끄러움 버티겠는데 견딜 수 없을 만큼
가렵고 가려움 선물로 안겨 주곤
비싼 값을 조르는 막무가내 투정에
무르익는 사랑이 멀찍이 달아나 버리고
어이없이 날밤을 새워
고얀 녀석들 오늘은 마을 운동회를 여는지
아침부터 법석을 떨며 낮잠을 허락지 않아

속상한 주인아주머니 구멍을 막는다
덫 사냥을 한다, 그 부산함이 곱절로 시끄러워
바깥나들이를 그린다

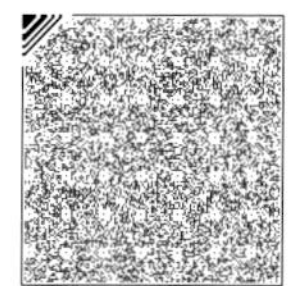

내 직업

어디든 마음 닿는 대로 움직일 수 있는 직업
관광이 따로 있나요
공해 없는 일터엔 공해 없는 사람들끼리
후회 없이 땀을 붓는다

그 치들 소경 눈 속에 못주머니를 찬 당당함이
굴절되어 박히겠지만 어떤 속임수에도 끄떡없이
망치를 두들긴다 톱질을 한다
여의도 똥통에 빠진 똥파리 떼들이 똥물을 튕길 때면
펄펄 튀는 구린내 간신히 코를 막고 억지로 버티지만
망치질 톱질은 제 박자를 잃고 동료들조차
넋을 빼앗긴 듯 가끔씩 겪는 몸살이라
만성이 된 일상처럼 다시금 연장을 챙겨

어디든 마음 닿는 대로 관광이 따로 없습니다
"망설이지 마시고 어서들 오세요"
공해 없는 일터엔 공해 없는 사람들끼리
후회 없이 모인다

공치는 날

비가 내리면 공치는 날이라
술에 끌려 술에 맞아
몸만 망가지네

비가 오면은 잠이나 실컷 잘까
잦은 천둥 번개 전화울음 소리에
하루를 잃는다

기왕 오려면 며칠은 내려야
미루어 놓았던 어른 놀이로
몸을 풀 텐데

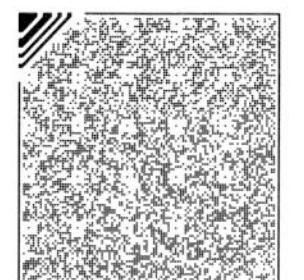

어쩌라고

눈이 내릴 것 같은 날이면
설레이게 꼬드기는 첫사랑 어쩌려고
보고 싶어도 볼 수 없는
저 만큼에 숨어 버린 안타까움
'안된다 아니 되오' 다짐을 하면서도
눈송이처럼 하이얀 사랑이야기 어쩌라고
어느새 발걸음은 금강 둑길에서
하나가 둘인 양 옛날을 어루만진다
어쩌라고 아무도 밟지 않아
더욱 소중한 눈밭에 오직 그리고 싶은 말
"어쩌라고, 어쩌라고, 어쩌라고요"

가야 합니다

가야 합니다
북두칠성과 남두육성을 훤히 읽을 수 있는 편안한 곳

거짓이 발붙이지 못하는 남새밭 이랑에서
상추랑 쑥갓 청양고추가 상큼하게 눈웃음치는 전율!
그치들이야 캄캄한 밤일 테고 돌아가야 합니다

흘린 만큼 자라난 사랑
햇볕바람과 부둥켜안은 싱싱한 열기 속으로
이런 지극함을 뉘 홀대하리오

가야 합니다 돌아가야 합니다
진실만이 통하는 고향 죽음도 두렵지 않습니다
벗이여 늦은 때라 생각이 들면 눈 한번 딱 감으세요

가야합니다 돌아가야 합니다
어둠 몰린 구렁에서조차 결코 낙담하지 맙시다

형제의 강

-2004. 9. 5. 넷째 형님을 뵙고

듣고 싶지 않은 말을 전해 듣고 육신이 마비되는 듯 온 힘이 쭈욱 빠진다 작은 일조차 집안 내 중심으로 버티며 꾸려온 고집은 소나무 이파리인데 혹시나 하는 마음에 모른 척 전화를 거니 귀를 막을 시간조차 허락지 않고 한 가닥 기대마저 물거품으로 흐르네

"규창아, 형 다 죽어간다"

"도련님 말기래요, 수술받았습니다"

맨정신으로 도저히 갈 수 없어 술을 마셨다 술을 부었다 그렇게 도착하며 형님을 뵈니 무슨 말을 꺼내야 할지 망설이다가

"형님, 마음 굳게 가지세요"

방 안은 정지된 시간처럼, 그나마 손주 녀석이 재롱을 떨며 분위기를 조금이나마 바꿔놓는데 처음 만난 조카며느리에게 인사를 받고 집안에 소홀했던 죄책감만 쌓인다

돌아오는 길 용현이를 불러 술집에 한 자리를 차지하고 두서없는 말들을 홀로 지껄이며 위장병이 몇 번 경고음을 울렸지만 그냥 그렇게 독술을 마셨다 숙소로 돌아와 누울 때까지 눈물은 범벅이 되어 흘렀고 깊은 잠도 뒤로 미룬 아침에 그는 약속 없이 고향을 향해 달렸다

큰형님 산소 옆에서 셋째 형님과 마주 앉았지만 무거운 침묵만이 흐를 뿐 아예 둘이는 헤어지기로 다짐을 하고 뒤돌아보지 않으며 발걸음 옮기네

눈을 감으면 아득한 옛날이 고스란히 따뜻하고 포근한 부모님 품 안인데 가마니 틀에 매달린 형제들끼리 볏짚을 물리고 왔다 갔다 텅텅 내리치는 소리 가마니를 만든다 대바구니 가득 찐 고구마가 밤참으로 형님들과 예쁜이 누나 시끌벅적 좋은 자리 이렇게 꿈속에 갇혀 옛정을 어루만지며 포근히 안긴다, 형제의 강에

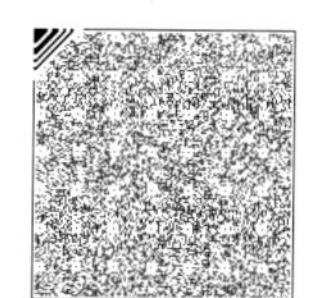

진리

흙냄새 덮인 둥지 그늘 숲에서 뒹굴고
까불며 멱을 감던 푸른 자유는 점점 멀어져가고
스마트폰과 로봇에 취한 노동들

컴퓨터와 가깝게
핏줄처럼 발목을 잡힌 문명 구속에
산 진화는 멎은 듯 부자연스러워

기계 틀 속에서 자라 기계 똥을 누는
철부지 아이들에게 쇠판 가슴이 박힐까
조바심 나는 시절

그러나 어떤 못난이 문명도
결국은 흙무덤 곁으로 돌아온다는 진리를
느끼려는 추운 밤입니다

염려하지 않을 테요
지금은 산 진화를 위한 아픔일 뿐이라
훤한 흙 발자국이 두루두루 찍힐 것을

삶 · 2
-거짓을 진실처럼

오늘도 나는 나를 돋보이려 벼른다
거짓을 진실처럼 두드리는 노력 이제 힘이 부친다
속으론 안돼하며 솔깃이 바람 타는 그릇된 버릇

수치스러움 결코 신이 아닌걸
큰 변명을 깔고 홀로 타협하며 생을 마중하는
죄인 줄 알며 멀쩡히 끌려 사는 바보놀음굿

속고 속이는 억지 춤에 두려운 밤이나
많은 별이 반짝임을 하늘에서 뉘우친다
오늘도 나는 나를 돋보이려 벼른다

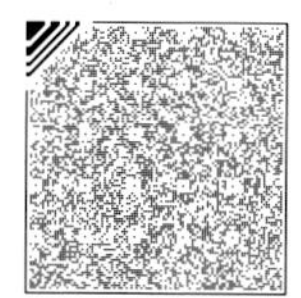

사람세상

사람들 마음은 서로 다른 것이라
신이 있는 자는 있는 그대로
신이 없는 자는 없는 그대로
그냥 그렇게 신을 강요하진 맙시다

어느 신이든 한점으로 모아지는 사람세상
역사와 환경이 다르게 사람들이 신을 만났지만
미래는 똑같은 사람세상 책임이 먼저 있어
사랑과 자유와 평화가 넉넉한 사람세상인걸
귀신이라 무조건 물리치는 그릇됨을 남기지 맙시다
그 속에도 살아 숨 쉬는 사람세상입니다

오직 자기 신만이 사람세상인 것처럼
엉뚱한 고집은 버립시다
이제는 신께 입힌 과분한 겉치레들을
하나둘 벗겨드릴 때 사람 진화처럼 신들도 변해야
참 사람세상을 지킬 것입니다

늦장가 가랍니다

젊음을 잃어 산 것이냐
젊음을 빼앗겨 산 것이냐
늦지 않았으니 장가가라는데
눈 깜짝일 새 다섯 번째 강산에서
조심스럽게 발자국을 찍으려 한다

몇몇 강산을 더 맞을지 모르는
불확실함 속으로 느지막이 빠져들자면
누구일까 그냥 그렇게 따라오려는지

젊음을 놓아 살 것이냐
젊음을 부추겨 살 것이냐
늦지 않았으니 장가가라는데
여태껏 짝을 만나지 못해
어쩌라고요 어쩌라고요

잠깐인 삶 눈을 딱 감고
젊음을 캐러 갈거나 젊음을 그리러 갈거나
늦지 않았으니 장가가랍니다

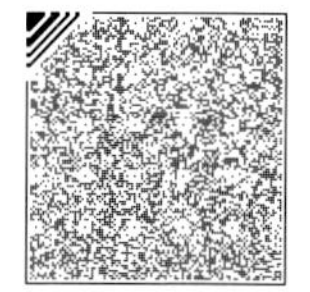

응석

'아저씨' 라 불리는 것이 지금쯤은 익숙할 텐데
스무 살 적 풍경에 매달리는 어리광입니까

가끔씩 귓문을 때리는 '할아버지' 란 천둥소리로
깜짝 놀라는 속상한 날에

조금은 어렵겠지만 오빠라 부르고
형이라 부르면 어디 덧나나

그조차 몰라라 할 거면 '씨' 자가 꼬리 붙은
이름을 불러 줘요 성을 불러 줘요

이도 저도 거북스럽습니까
그러면…, 어쩌리오 있는 그대로 받을 수밖에

시절

구들장을 메고 산 어린 시절이 그리워지는 까닭은 하늘 무서운 줄 모르게 치솟는 대장군님 기름값이 농촌과 달동네 목을 조르고 자연법칙마저 외면을 한 채 그칠 줄 모르는 눈사태와 매서운 추위로 동상에 시달리지 않는 곳이 없구나

뻥튀기를 즐기는 녀석들은 좋은 시절을 만난 듯 돈보따리로 새끼를 치는 중이라 공부에 열중하던 학생들이 어리둥절히 뒷걸음치려 하는데 무슨 가르침으로 아이들을 막으렵니까 소중히 믿으려는 방송과 신문들조차 내 것으로 아메리카식을 끌고 가야 하는데 버릇없는 아메리카식으로 내 것이 끌려가니 얼마 전까지 나란히 동무하였던 두 분 큰 과학자님께서 줄기세포가 있다는 둥 없다는 둥 지구촌을 당혹게 하니 내 아이들에게 어떤 책을 내밀어 교육 시키렵니까 작으나마 적으나마 보이지 않는 곳에서 들리지 않는 곳에서 사람임을 포기치 않으려는 황소고집들이 사람으로 버티어 선 자랑스런 물결이 있어 내 아이들에게 참 교육장으로 개방을 하면 금이 가지 않을 사람만세가 새알을 낳겠지요

낭만마저 삼켜버린 눈발이 몇 날 며칠을 펑펑 쏟아 내리는 날 낭만에 기대려는 미련한 나그네가 작은 도시 좁은 골목길을 서성이는 저녁입니다

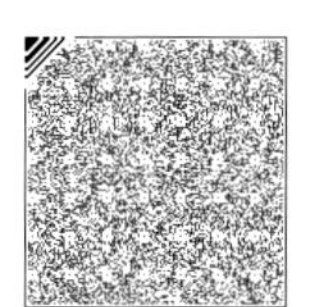

산다는 것이

산다는 것이 다 그렇고 그렇다지만
쇠붙이 가슴을 단 이방인들이
가면 갈수록 늘어만 가는 역겨움

끼니를 캐는 하루살이도 벅찬데 틈만 생기면
벗을 뭉개려는 꺼리낌 없는 돌팔매질
곧바로 아픔이요 크나큰 시름인 걸

어쩔 수 없는 핑계처럼 흙탕물 속에
철퍼덕이 멱을 감으시렵니까
핏줄과 부부 사이와 이웃사촌조차 헤아리지 못하는
치매를 앓는 공해 무섭습니다

사람 목숨이 똥파리보다 못한 이곳은 어디입니까
옛날 옛적부터 높은 의자 앉은 녀석들은
달동네와 하루살이 땀을 훔쳐 멋대로 즐기는데

산다는 것이 다 그렇고 그렇다지만 어찌하면
자연스레 제 자릴 찾아 좋은 몸짓으로 놀까요
끝나지 않은 사람들 이야깁니다

예가 어디입니까

아기 새싹들 금이 간 구들장에 바위산 믿음이
푸념만 날리고 보금자리를 빠져나온
노숙으로 눈곱을 떼는 곳 참 일꾼들 우르르
한탕과 뻥튀기 삶에 멋들인 솜씨
덧붙이로 연장들을 감춘다

하이얀 배꽃 사이로 벌러덩 드러누운 일손이
아름드리 고집을 꺾으며 바보놀음 펼치려는
예가 어디입니까 물 건너 마을입니까
아니요 아닙니다 예는
땀방울이 주인 되는 큰 놀이마당인걸

삼대

아이들은 컴퓨터 속에서 세상을 읽으며 꿈을 꾸고
우리는 텔레비전으로 눈을 떠 귀를 닦았는데
어른들께선 잃은 옛날을 못 잊어 이웃을 기웃대며
마실을 손꼽으시는 삼대가 서로 다른 듯
그냥 그렇게 똑같은 삶을 밟고 세상 그린다

화투

처음은 좋게 오락으로 즐기는 금쪽같은 시간인데
몇 바퀴를 돌고 돌아 술에 익다 보면
이름 잃은 얼굴이 되어 벗과 이웃도 모르는 척
위와 아래를 가늠키 어려운 엉뚱한 시간을 건너
억지 싸움 살얼음판을 욕심은 불덩이처럼 닳아
괜스레 화투장이 나르는 도리깨질
내키지 않아도 따라붙는 죄
'노름꾼' 이란다

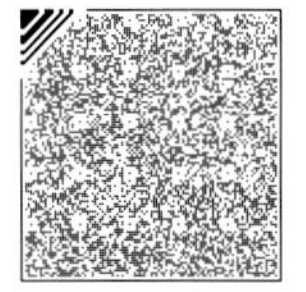

교육

귀가 밝던 날 헌 보자기 속 배움
불씨들을 조심스레 등에 걸쳐 매고
낡은 검정 고무신 발이 부르트도록
스승님을 뺑 두른 제자들
그 큰 동그라미 안에서
사람 노릇 나이테를 그렸는데

눈이 밝은 날 온실 속 학교에 가면
선생님과 제자들 사이가 가까이 있으며
멀리 떨어져 그 큰 동그라미는
거추장스레 치장만 되어
자연스런 교육으로
학생들은 동물법칙을 익힌다

남은 삶

깊은 산골 양지쪽 물 흐르는 곳
지붕과 구들장만 온전하면은
텃밭과 가축으로 남은 삶 아껴
낮에는 손님 마중 밤엔 자장가
자연 그대로 노는 운동들 좇아
예서 그만 똑바로 삶을 즐길 터

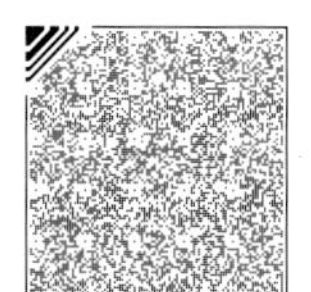

5부

바꿔야만이

사내구실

나이를 먹을수록 빠트리지 않는 인사
“밤일은 괜찮은가?”

흰 머리 숫자만큼 넘은 고개인데
“어떻게 장사 될까?”

힘을 부추기는 솔깃한 꼬드김에 속으며 속아
만나면 노닥대는 요술 도리깨질

좋은 밤 좋은 자릴 마련하려고
멋대로 구르는 이야기 타래실 조심스레 감는다

눈꽃

들녘으로 산자락으로 하얀 눈꽃이 앉는다
작은 소녀는 한 아름 눈꽃을 마음에 담고
길목을 집 둘레를 하얀 눈꽃이 덮는다
우리는 걱정이 앞서 눈꽃을 퍼내 녹이고
옷자락 매달리며 눈꽃이 날린다
하염없이 찬바람 눈보라 속을 가슴 쿵쿵
작은 소녀는 동그라미를 굴려 달린다
사슴 노루가 마중을 나와 요정들과 즐기는 한때
앞마당을 감추며 눈꽃이 쌓인다

쉴 새 없이 쌓여 지붕이 눌러앉을까
우리는 긴 빗자루를 들어 땅바닥으로 떨어트린다
눈더미를 끌며 밀며 언덕길 오르는 하루
갈대숲과 나무를 흔들며 하얀 눈꽃이 춤춘다
작은 소녀는 좋아라 눈꽃 악기를 들었네
어깨를 치며 발목 잡는 하얀 눈꽃이 무겁다
우리는 싸움터 용사로 눈꽃 무기와 다투네
하얗게 하얀 눈꽃이 내린다
온 마을이 하이얀 꿈나라

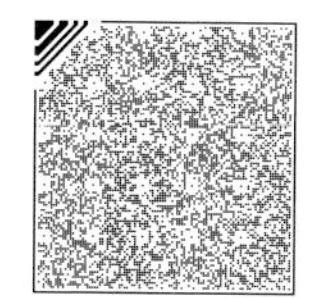

달

달이 보인다 달이 보인다
어린 시절에 바라본 그달은 아닌 듯하여도
달이 보인다

저들아 앞마당에서 붙들네 담벼락을 따라
우릴 쫓던 그달을 닮으려는 듯 달이 우릴 쫓으려
안달이 났네

학원에 갇힌 아이들과 컴퓨터에 끌려 노는
아이들을 목청 높여 부르며
달이 올랐다

달이 보인다 달이 보인다
벌거벗은 달 달이 올랐다 달이 올랐다
벌거숭이 달

찜통더위

펑펑 내리쬐는 햇볕과 밑에서 솟는 땅김으로
온몸과 옷이 축축하지만 잠깐 동안 마시며 쉬는
얼음물 맛이 으뜸이고요

종일토록 망치질 톱질로 지치고 더위에 시달려
헐떡이면서 끄떡없이 버틴다는 끈기만으로 집에 돌아와
몸을 담그는 찬물 목욕은 살맛이 납니다

밤조차 물러나지 않는 뜨거움 낮을 생각하면
아무렇지 않게 멈춰선 바람 눈감아주며 웃통을 벗어
잠자리에 드는 이 당당함 누가 훔칠까?

염려됩니다

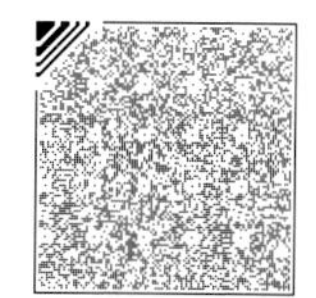

바꿔야만이

자연은 가깝게 다가오며 동그라미를 낳는데
사람들은 멀찍이 달아나며 동그라미를 잃는다
낡은 누더기로 동그라미를 지키기엔 먼 숲 속 그늘
마당놀이를 바꿔야만이 눈이 부신 사람만세!
뉘랴 먼저 깨트리겠는가, 이 침묵을
철학과 종교와 정치가 한 점 부끄럼 없이
벌거숭이가 될 때에 동그라미가 구르는 것을
자연은 쉴 새 없이 손을 흔들지만 사람들은
눈이 감긴 채 흘러서 간다

그러면서 욕하겠지
"더러운 세상"이라고

겨울 산자락

아무도 찾지 않는 겨울 산자락
먼 데서도 확연한 눈 무덤 자리들
바람이 흔들릴 때마다 웅크려 든다

어쩌다 어쩌다가 손님이 찾아주면
모자를 벗어 눈꽃을 펄럭이며
악수를 청해보는 정성스러움

한낮은 짧아 금세 발걸음은 끊기고
더더욱 외로움만 겹쳐 오는 날
긴 밤 아랑곳없이 추위를 버티렵니다

아이 하나

고집 센 아이 하나
덩그러니 자라고 있었습니다

어둠 짙은 입술이 혀를 날름거리며
아이가 노는 기쁨을 망가트리려
수작을 꾸미지만 아이는 버젓이 운명을 새롭게
권력조차 방해가 되지 않는 커다란 사람으로
우뚝 서 있지요
주위는 온통 빛깔 좋은 허깨비로
손짓하며 눈웃음 보내지만 고집 센 버릇은
꿈쩍없이 나뭇잎을 깔아 훈김을 지핍니다

오물 벼락이 정신 속으로 빨려들면
대대손손 물려받은 동그라미로 가늠하며
가시밭길 헤쳐나갑니다
환경과 운명과 권력이 험상궂다 하여도
정신과 자유와 슬기에 수갑을 채울 수 없어
미래는 무지갯빛 하늘입니다

잠시 잠깐 방심하는 날이면
멋대로 나부끼는 죽음 꽃바람에 목 졸린
철없는 발걸음들이 드러눕는 무덤입니다
체면이 굽신거리고 자존이 팽개쳐지는 곳에
욕심은 꿈틀거리며 세력을 뻗칩니다

일등 꼬리를 입에 문 족속끼리
모든 것을 홀로 품으려 늘 만찬 자리를 마련해 놓지요
그러나 염려 없습니다
환경과 운명과 권력조차 감히 범할 수 없는
흘러내리는 강물입니다

고집 센 아이 하나
덩그러니 자라고 있으니까요

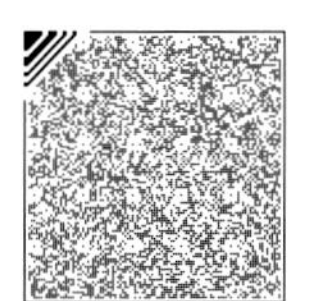

보문산 추억

보문산 샛길 열어 발을 내딛는
네 살배기 소연과 꼬마 오빠가
벌써부터 떼를 써 어쩔줄 몰라
동생만 무등태워 울상인 용현

저만이 소외된 듯 속상한 마음
철푸덕 주저앉아 꿈쩍을 않는
솔밭 틈새로 뻗친 햇살이 좋아
보문산 작은 풀꽃 생긋 웃을 때

살살 달래 일으켜 다시 걷는 길
언제쯤 꼭대기에 오를 것인가
가만히 귀 기울여 속삭여 드는
멀리인 듯 가깝게 다가오는 말

꼬마들아 이제는 고생 끝이다
조금만 걸어가면 보문산 정상
어느새 장사꾼들 넋두리 속에
아무거나 사달라 어리광 놓네

어처구니없는 날

늦깍이 망치잡이가 되어 처음으로 맛본 쓰디쓴 어처구니 없는 날 망치를 채워준 동료가 어찌해 그랬을까? 의심스러운 누어 침뱉기!

일꾼은 다 들여 놓고 높으신 소장각하 말씀 "목공 넷과 뒷일꾼 여섯으로 남은 공사 끌어 가시겠습니까?" 일꾼은 다 들여 놓고 화를 주더니 병까지 주려는지 염치란 아예 없는 소장각하 더 나은 사람 같았으면 크게 따졌을 텐데 그러면 정말 아니됩니다 그러면 진짜 곤란합니다

따돌림 당하는 미운 동료가 너무나 딱하고 안스러워 "소장각하께서 내린 결정인데 모두 내 탓이요, 내 불찰입니다"

병을 얻은 어처구니 없는 날 나는 곧장 못주머니를 풀어 정과 의가 짓밟힌 공사장을 미련없이 떠나려는 마음에 가볍게 발걸음을 옮겨 놓는다, 어처구니 없는 날에

응어리

아내와 어린 딸 넷에 두 살배기 아들 하나
덩그러니 남겨 놓고 무엇에 홀린 듯 그냥
그렇게 급히 떠나가셨을까
생각할 겨를도 없이

부모 형제 가족들은 엉키고 엉킨 매듭만이
풀리지 않는 수수께끼로 흘러 흘러 온 먹구름 속
입은 있어도 입술 물어
입 다문 입문 닫혔고

언젠간 빠트림 없이 그대로 뱉어 놓으리라
손꼽아 온 시간들 이처럼 망설여지는 건
혹시나 사랑이 다칠세라 끙끙거리는 가슴 응어리
이렇게 가둔 채로 맛 좋은 진짜 술 빚을래

지식인들에게

새소식 〈뉴스〉 무제한연설 〈필리버스터〉
구석차기 〈코너킥〉 사랑접촉 〈스킨십〉
아리따운 우리말이 버젓이 있는데
〈괄호〉 안의 말에 가위눌려 지낼는지요
지식인들이여!

고유명사가 되어 주인 노릇 벌이며
떠벌리고 깝죽이는 외래어들 엎어
멋이 듬뿍 담긴 우리말을 만들려는
굵은 땀방울 얼마만큼 흘리셨습니까
지식인들이여!

스스로 우리말을 만들어 봅니다
만능재주꾼 〈컴퓨터〉 큰마당 〈인터넷〉
서로 통하는 〈텔레파시〉 다기능전화기 〈스마트폰〉
우리말을 빛으려는 몸부림 자랑스럽지 않나요?
지식인들이여!

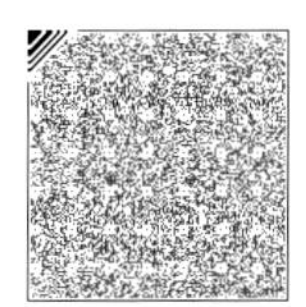

국립중앙도서관 출판예정도서목록(CIP)

강물이 울면 / 지은이: 리규창. -- 서울 : 담장너머, 2016
p. ; cm. -- (Over a wall poetry ; 27)

ISBN 978-89-92392-48-8 03810 : ₩9000

한국 현대시[韓國現代詩]

811.7-KDC6
895.715-DDC23 CIP2016015415

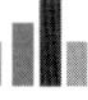

Over a Wall Poetry
27

인지생략

강물이 울면

2016년 6월 23일 초판 1쇄 인쇄
2016년 6월 30일 초판 1쇄 펴냄

지은이 | 리규창
펴낸이 | 송계원
디자인 | 송동현 정선
제 작 | 민관홍 박동민 민수환
펴낸곳 | 도서출판 담장너머
등 록 | 2005년 1월 27일 제2-4102
주 소 | 04626 서울시 중구 퇴계로36나길 19-13, 105호
전 화 | 02-2268-7680, 010-8776-7660
팩 스 | 02-2268-7681
이메일 | overawall@hanmail.net
카 페 | http://cafe.daum.net/overawall

ISBN 89-92392-48-8 03810
값 9,000원